Explorons l'espace

Projet écrit et dirigé par Marie-Anne Legault, éditrice

Direction artistique : Marylène Plante-Germain
Illustration : Joël Bissonnette, Anouk Noël, Marc Lalumière, Carl
 Pelletier, Rielle Lévesque
Révision linguistique : Sabrina Raymond
Relecture éditoriale : Stéphanie Durand
Conseillère pédagogique : Anne Gucciardi
Expert-consultant : Maxime Pivin Lapointe, concepteur et éducateur
 scientifique au Planétarium Rio Tinto Alcan | Espace pour la Vie

Québec Amérique
7240, rue Saint-Hubert
Montréal (Québec) Canada H2R 2N1
Téléphone : 514 499-3000

Nous reconnaissons l'aide financière du gouvernement du Canada.

Nous remercions le Conseil des arts du Canada de son soutien.
We acknowledge the support of the Canada Council for the Arts.

Nous tenons également à remercier la SODEC pour son appui financier.
Gouvernement du Québec – Programme de crédit d'impôt pour l'édition
de livres – Gestion SODEC.

Canada   Conseil des arts Canada Council   SODEC
     du Canada   for the Arts   Québec

**Catalogage avant publication de Bibliothèque et Archives nationales du
Québec et Bibliothèque et Archives Canada**

Titre : Explorons l'espace.
Description : Mention de collection : Moussaillons
Identifiants : Canadiana (livre imprimé) 20220027188 |
Canadiana (livre numérique) 20220027196 | ISBN 9782764444924 |
ISBN 9782764444931 (PDF)
Vedettes-matière : RVM : Univers—Ouvrages pour la jeunesse. |
RVM : Espace extra- atmosphérique—Ouvrages pour la jeunesse. |
RVMGF : Albums documentaires.
Classification : LCC QB500.22.E97 2023 | CDD j523.1—dc23

Dépôt légal, Bibliothèque et Archives nationales du Québec, 2023
Dépôt légal, Bibliothèque et Archives du Canada, 2023

MIXTE
Papier | Pour une gestion
forestière responsable
FSC® C011825

Bienvenue moussaillon!

Je suis un robot explorateur. Je peux me transformer comme je veux pour voyager avec toi **partout**. Ensemble, partons à la découverte de mille merveilles.

Aujourd'hui, que dirais-tu d'explorer l'**ESPACE** ? Prépare ton vaisseau et tes habits d'astronaute, nous partons découvrir les trésors de l'Univers.

Prêt pour le décollage ?

5, 4, 3, 2, 1...
C'est parti!

Moi aussi je veux faire ce voyage, car j'adore l'espace!
J'adore surtout me cacher...
Sauras-tu me trouver ?

Table des matières

Ouvre grand les yeux !

Dans ce voyage, tu pourrais apercevoir…

- une planète géante
- une magnifique comète
- des bouquets de galaxies
- une station spatiale

C'est quoi l'ESPACE ?

Regarde le ciel quand le soleil est couché. Vois-tu la Lune ? Des tas d'étoiles ? Tout ça, c'est l'espace ! Tu peux dire aussi « l'**Univers** ».

Le bal des astres

L'Univers est rempli d'astres. Un **astre** peut être une étoile, une planète, une lune ou juste une roche qui file dans l'espace.

L'étoile filante, c'est une étoile ?

Non, c'est un **météore**, une roche venue de l'espace.
En entrant à toute vitesse dans notre ciel, elle brûle.
Son passage laisse une belle trace lumineuse ! Le
météore devient **météorite** lorsqu'il tombe au sol.

→ un météore

Étoiles ou planètes ?

Les **étoiles** sont d'immenses boules
de gaz brûlant. Elles créent beaucoup de
chaleur et de lumière. Les **planètes** sont
des astres plus petits qui tournent autour
d'une étoile.

Le Soleil, notre étoile

Sais-tu que le Soleil est une **étoile**? Pas n'importe laquelle. C'est l'étoile la plus proche de la Terre, celle qui nous éclaire et nous réchauffe!

Four gigantesque

Le Soleil est une **boule de gaz** qui brûle sans arrêt. C'est un peu comme un gros four dans l'espace. Sans le Soleil, notre Terre serait froide et sombre.

Pourquoi le Soleil est plus gros que les autres étoiles ?

Toutes les étoiles sont immenses. Le Soleil paraît plus gros car il est plus près de nous. Le jour, il brille si fort qu'il t'empêche de voir les autres étoiles.

La Terre, notre maison

Revenons près de la Terre, la planète que nous habitons. Pourquoi il fait bon vivre ici ? Parce que la Terre est à la bonne distance du Soleil.

Ni trop près ni trop loin du Soleil

La Terre est une maison parfaite. Le Soleil l'éclaire et la réchauffe juste ce qu'il faut. Il y a de l'air pour respirer, de l'eau, des plantes, des animaux... C'est la seule planète que nous connaissons où il est possible de vivre.

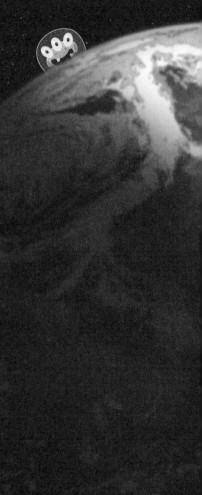

La planète bleue

La Terre est appelée «planète bleue» parce qu'elle est couverte de beaucoup d'**eau**. Comme elle est merveilleuse vue de l'espace!

Tourne et tourne

Chaque jour, la Terre tourne sur elle-même. Et chaque année, elle fait le tour du Soleil. Comme une toupie dans un manège !

Le jour et la nuit

Le Soleil se lève, traverse le ciel, puis se couche. On dirait qu'il bouge, mais c'est la Terre qui tourne.

Quand le pays où tu habites fait face au Soleil, c'est le **jour**.

Dos au Soleil, à l'ombre, c'est la **nuit**.

Les saisons de l'année

Les saisons existent car la Terre tourne autour du Soleil en étant penchée. Quand le pays où tu habites est penché vers le Soleil, il fait chaud. C'est l'**été**. Pendant ce temps, à l'autre bout de la Terre, c'est l'**hiver**.

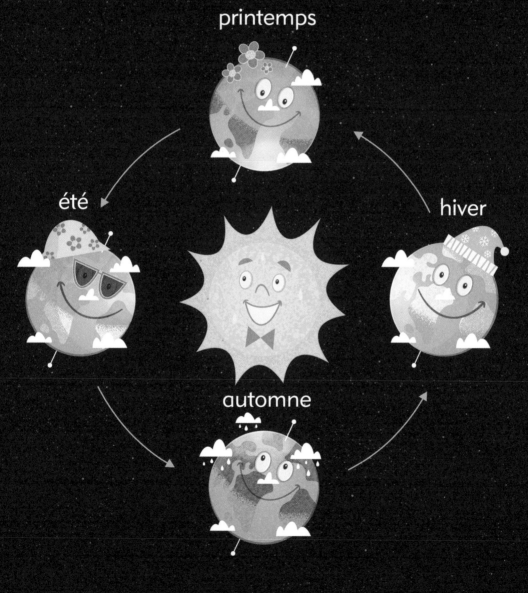

printemps

été

hiver

automne

La Lune, notre compagne

La Lune est l'astre le plus près de nous.
Ce n'est pas une étoile ni une planète.
C'est le **satellite naturel** de la Terre, donc
un petit astre qui tourne autour de notre
planète. Approche !

Des cratères partout

Les **cratères** sont de
grands trous. Ils ont été
creusés par les **météorites**,
des roches spatiales qui
ont foncé sur la Lune.

Un monde tout gris

La Lune est pleine de cailloux et de poussières. Il n'y a pas d'air, pas d'eau, pas de bruits, pas de vie. Vois-tu notre belle Terre au loin ?

un cratère

la Terre

Des traces d'astronautes

Des astronautes sont déjà allés sur la Lune en vaisseau spatial. Ils ont même laissé leurs traces sur le sol !

Pourquoi la Lune change-t-elle de forme ?

La Lune ne change pas vraiment de forme. C'est plutôt sa partie éclairée qui change !

pleine
lune

quartier
de lune

croissant
de lune

nouvelle
lune

La Lune brille grâce au Soleil

La Lune nous renvoie la lumière du Soleil, comme un miroir. L'éclairage change chaque soir, à mesure que la Lune tourne autour de la Terre.

Jeux de cache-cache

La Lune, la Terre et le Soleil font une valse.
Parfois, la Lune passe devant le Soleil et le
cache en plein jour ! C'est l'**éclipse de soleil**.
Parfois, la Lune passe dans l'ombre de la Terre
et devient sombre. C'est l'**éclipse de lune**.

une éclipse
de soleil

une éclipse
de lune

la Terre

Notre petit coin d'Univers

Le **Système solaire** est comme notre village dans
l'Univers. Le Soleil est son centre. Vois-tu les
8 planètes qui lui tournent autour ? Chacune
suit un chemin invisible, appelé « **orbite** ».

Quatre petites planètes voisines

Mercure, Vénus, Terre et Mars sont de petites planètes proches du Soleil. Elles ont un sol **solide**, où il est possible de se poser.

une orbite

Quatre planètes géantes

Jupiter, Saturne, Uranus et Neptune sont les planètes les plus éloignées du Soleil. Ces grosses **boules de gaz** n'ont même pas de sol où se poser !

Mercure, tout près du Soleil

Nous voici sur la planète la plus près du Soleil, qui est immense vu d'ici. Vite, sortons notre parasol !

Jour brûlant, nuit glaciale

Quel temps fait-il sur Mercure ? Le jour, face au Soleil, c'est plus chaud que dans un four. Mais la nuit, quand le Soleil disparaît, c'est plus froid qu'un congélateur !

Toute petite

Mercure est la plus petite planète du Système solaire. Son sol est couvert de poussières et de **cratères**, comme sur la Lune.

un cratère

Rapide à la course

La Terre prend 1 an pour faire 1 tour du Soleil. Mercure fait 4 tours dans le même temps. Sur Mercure, tu fêterais ton anniversaire bien plus souvent !

Belle Vénus, notre voisine

Vue de la Terre, Vénus ressemble à la plus brillante des étoiles. Mais observe de près. Ce n'est pas une étoile, c'est une **planète** !

La planète la plus chaude du Système solaire

Vénus est enveloppée de **nuages**. Cette épaisse couverture emprisonne la chaleur du Soleil. L'air est si chaud qu'il pourrait cuire une pizza en quelques secondes ! Impossible de vivre ici.

Une longue journée

Vénus est comme une toupie qui tourne très lentement. Elle prend plus de temps pour faire un tour sur elle-même que pour faire le tour du Soleil. Sur Vénus, une journée est plus longue qu'une année. Incroyable !

une couverture
de nuages

Mars, la planète rouge

Sur Mars, tu peux découvrir des montagnes, des canyons et même de la glace ! Il fait plus froid que sur la Terre, car Mars est plus loin du Soleil.

Pourquoi Mars est rouge ?

Son sol contient beaucoup de **rouille**, comme un vieux clou. C'est pourquoi Mars a cette belle couleur rouge.

Mars a deux lunes

Si tu vivais sur Mars, tu pourrais voir dans le ciel deux petites **lunes** !

Est-ce qu'il y a de la vie sur Mars ?

Les humains ont envoyé des **robots** explorer cette planète voisine de la Terre. Pour l'instant, ils n'ont trouvé aucune trace de vie.

Jupiter, la géante

Beaucoup plus loin du Soleil, après Mars, il y a Jupiter. C'est une énorme planète, la plus grosse du Système solaire !

Une immense boule de gaz

La planète Jupiter n'a pas de sol, car elle est faite de **gaz**. Si tu essayais de te poser dessus, tu t'enfoncerais comme dans un nuage.

la Grande Tache rouge

Une collection de lunes

Alors que la Terre n'a qu'une seule lune, Jupiter a plus de 70 satellites naturels !

Comme un ouragan sans fin

Vois-tu la **Grande Tache rouge** à la surface de Jupiter ? Attention, n'approche pas ! C'est une tempête gigantesque. Elle est faite de nuages et de vents qui tourbillonnent sans arrêt.

Saturne, la magnifique

Voisine de Jupiter, Saturne est aussi une grosse boule de gaz. Regarde comme cette planète est belle, entourée de milliers d'**anneaux** !

Saturne joue aux cerceaux

Les anneaux de Saturne sont faits de morceaux de roche et de glace. Ils tournent à toute vitesse autour de Saturne.

Poids plume

Saturne est tellement légère que si tu pouvais la poser sur l'eau, elle flotterait !

des milliers d'anneaux ---->

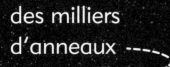

Les lunes de Saturne

De nombreuses lunes tournent autour de Saturne. La plus grosse, **Titan**, cache peut-être de la vie, qui sait ?

Lointaines Uranus et Neptune

Uranus et Neptune sont faites de gaz et de glace. Ces planètes sont très éloignées du Soleil, donc il y fait très froid. Brrrrr !

Couchée sur le côté

Uranus ne tourne pas comme une toupie. Elle se déplace autour du Soleil en roulant sur le côté. Bizarre, n'est-ce pas ?

une lune
d'Uranus

Des anneaux et des lunes

Uranus et Neptune ont des **anneaux** et des **lunes**, comme Saturne et Jupiter !

Des vents puissants

Il souffle sur **Neptune** des vents plus forts qu'une tornade. Sauve qui peut !

les anneaux de Neptune

Comètes et astéroïdes

D'autres **astres** plus petits que des planètes voyagent dans le Système solaire. Certains nous rendent visite en passant près de la Terre.

Lumineuses comètes

Une **comète** est faite de glace, de gaz et de poussières. Sa chevelure s'étend et s'illumine lorsqu'elle s'approche du Soleil. Quel spectacle magnifique !

Des rochers qui flottent dans l'espace

Les **astéroïdes** sont des rochers qui tournent autour du Soleil. Plusieurs défilent à la queue leu leu entre les planètes Mars et Jupiter.

Notre belle Voie lactée

Sortons du Système solaire. Que se passe-t-il en dehors? L'espace continue dans la **Voie lactée**, notre galaxie!

Une visite de la Voie lactée

Les étoiles que tu vois dans le ciel sont d'autres soleils. Autour de ces soleils, il y a d'autres planètes. Tous ces astres font partie de la Voie lactée, notre **galaxie**. Elle contient tellement d'étoiles qu'il est impossible de toutes les compter!

Ton adresse dans l'Univers

Disons que la **Terre** est ta maison et le **Système solaire**, ton village. La **Voie lactée** est un peu comme ton pays. Elle a la forme d'une spirale qui contient des paquets d'étoiles. Chaque étoile éclaire un « village » !

Notre Système solaire est dans un bras de la Voie lactée.

Un spectacle sans fin

Imagine-toi dans un vaisseau spatial si rapide que tu peux sortir de la Voie lactée. L'espace continue ! Regarde, il y a plein d'autres **galaxies**...

Bouquets d'étoiles

Il existe un nombre **incalculable** de galaxies. Elles forment dans l'Univers des bouquets d'étoiles. Certaines sont rondes, d'autres en spirale ou en soucoupe !

Mystérieuses nébuleuses

Dans les galaxies, il y a aussi des **nébuleuses**. Ce sont d'immenses nuages de poussières et de gaz. Dans ces nuages naissent les étoiles !

une galaxie

Aspirateur spatial

Au centre d'une galaxie, il y a souvent un **trou noir**. Ce trou est un peu comme un gigantesque aspirateur. Il attire tout autour de lui, même la lumière !

Comment observer le ciel?

Tu peux mieux observer les astres quand tu es loin des lumières de la ville. Dans la nature, la nuit est sombre. Tu vois bien plus d'étoiles!

Les outils des astronomes

Les **astronomes** sont les spécialistes de l'espace. Pour regarder le ciel, ils utilisent des **télescopes**. Ceux-ci sont comme des jumelles géantes. Les plus puissants sont dans les **observatoires** au sommet des montagnes.

Des robots téléguidés

Pour observer les astres de près, nous utilisons des robots. Ils sont téléguidés, donc contrôlés à partir de la Terre. Les **sondes** spatiales peuvent survoler un astre. Les véhicules **astromobiles** peuvent rouler sur l'astre.

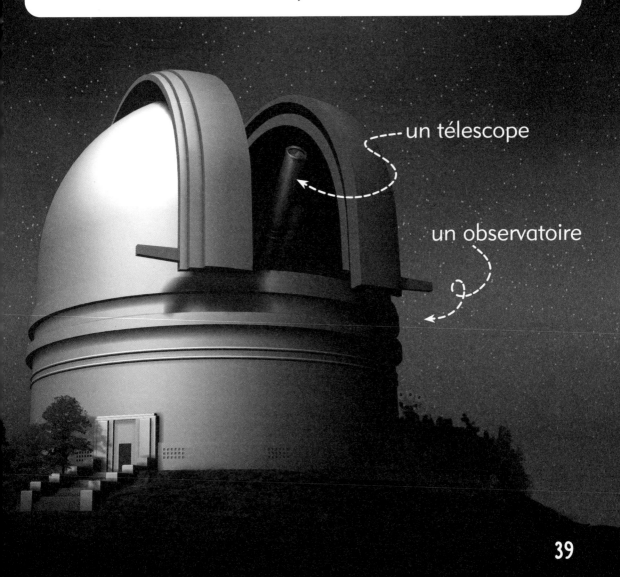

un télescope

un observatoire

Comment voyager dans l'espace ?

Nous pouvons explorer l'espace grâce à l'invention de la fusée. Les gens qui l'utilisent pour voyager dans l'espace portent différents noms : spationautes, astronautes, cosmonautes…

3, 2, 1… Décollage !

Une **fusée** est un véhicule avec des moteurs superpuissants. Ils permettent à la fusée de s'élever très haut pour rejoindre l'espace.

une fusée

À quoi sert la fusée ?

La fusée permet d'envoyer des personnes dans l'espace, mais aussi des objets. Des **sondes** ou des **satellites artificiels**, par exemple. Les satellites artificiels ne sont pas des astres, comme la Lune. Ce sont des machines. Elles tournent autour de la Terre pour l'observer ou pour nous permettre de communiquer.

Une station spatiale

Les astronautes peuvent vivre des mois dans l'espace grâce à la **Station spatiale internationale**. Elle tourne autour de la Terre, comme un satellite.

Tout flotte

Loin de la Terre, les humains et les objets ne pèsent rien : ils flottent. Il faut garder la nourriture dans des sachets et l'aspirer avec une paille. Sinon elle s'envole !

À quoi sert la station ?

C'est un laboratoire pour observer l'espace et faire des **expériences**.

une combinaison
spatiale

la Station
spatiale
internationale

Combinaison spatiale

Les astronautes font parfois
une sortie dans l'espace. Ils
ont une **combinaison** qui
les protège du froid et des
rayons du Soleil.

Les extraterrestres existent-ils ?

Comme l'Univers est immense, il comprend un nombre incroyable d'astres. Ainsi, il y a des chances que la vie existe ailleurs que sur la Terre.

Et les Martiens ?

Ces bonshommes verts n'existent que dans les histoires inventées. Si un jour nous découvrons des traces de vie sur la planète Mars, elles seront sûrement **minuscules**. Un peu comme des traces de microbes ou d'insectes.

Des extraterrestres intelligents, c'est possible ?

S'ils existent, ils vivent très loin de nous, près d'une autre étoile. Nous avons envoyé dans l'espace des **messages radio** pour leur faire un « coucou ! ». Un jour, ils pourraient être captés par des extraterrestres !

Activités de découverte

Le soir, les astres sont comme des diamants qui scintillent dans le ciel. Observe-les avec ta famille. C'est une vraie chasse aux trésors !

Regarde la Lune avec des jumelles. Vois-tu des cratères ?

La planète Vénus apparaît parfois après le coucher du soleil. Elle est très brillante. Plus brillante qu'une étoile !

De fausses étoiles filantes!

Les points lumineux qui traversent lentement le ciel sont des avions ou des satellites artificiels. Ce ne sont pas des étoiles filantes.

C'est quoi une constellation?

Une constellation est un groupe d'étoiles. En les reliant par des lignes imaginaires, un dessin apparaît.

la Grande Ourse

la Croix du Sud

L'exploration continue

L'Univers est si grand qu'il offre toujours de nouvelles découvertes. Pour les astronomes, c'est un terrain de jeu sans fin !

Tu pourrais toi aussi devenir spécialiste de l'espace. Qui sait ? Tu découvriras une comète, une planète lointaine ou une nouvelle galaxie !

Notre voyage ensemble se termine ici. J'ai déjà hâte de te retrouver pour une autre aventure !

Au revoir moussaillon de l'espace !